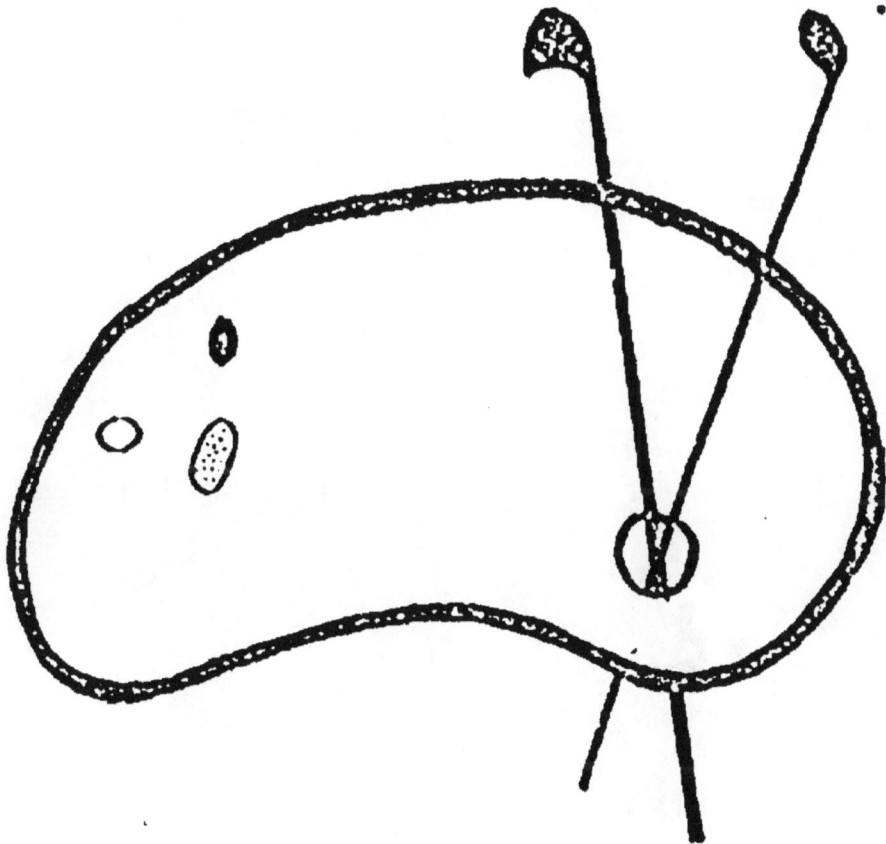

COUVERTURE SUPÉRIEURE ET INFÉRIEURE
EN COULEUR

LE

MATÉRIALISME

CLERMONT (OISE). — IMPRIMERIE A. DAIX, RUE DE CONDÉ, 2.

Emile SYFFERT

LE

MATÉRIALISME

PARIS

ERNEST LEROUX, ÉDITEUR

23, rue Bonaparte, 23.

1878

Mon but, en rédigeant cette brochure, n'est pas de composer une œuvre littéraire, mais de soutenir ou d'attaquer, à l'aide d'arguments présentés sous une forme qui les rende irréfutables, deux systèmes philosophiques absolument opposés. Aussi me suis-je moins attaché au style qu'aux idées — j'ai sacrifié l'élégance de la forme à la solidité du fond. — Dans la crainte d'affaiblir la netteté, la précision, la force de certains raisonnements par un usage fréquent de synonymes, j'ai eu recours, en beaucoup d'endroits, à des répétitions de mots. — Le lecteur voudra bien me pardonner cet emploi réitéré des mêmes termes et se montrer indulgent pour les incorrections purement littéraires qu'il pourra trouver dans cet ouvrage.

Certes, les doctrines que je préconise, soulèveront çà et là de vives protestations. Elles donneront lieu, sans doute, à de nombreuses critiques plus ou moins sincères, plus ou moins fondées, parmi lesquelles, quelques-unes, peut-être, seront injurieuses pour moi. — Je ne tiendrai aucun compte de ces dernières. — A quoi bon, en effet, vouloir discuter avec des gens qui ne savent riposter que par des insultes à des arguments dont ils refusent d'avouer l'évidence, parce qu'ils ont intérêt à les combattre ou parce qu'ils sont trop inintelligents pour les comprendre.

SYFFERT (Emile).

Cherbourg, le 28 avril 1878.

PREMIÈRE PARTIE

LE

MATÉRIALISME

PREMIÈRE PARTIE.

La connaissance de soi-même est celle qu'on doit désirer le plus ardemment acquérir. Nulle autre ne nous offre un intérêt plus direct. Aussi l'étude du Moi a fait, de tous temps, l'objet de la préoccupation des philosophes. Les diverses définitions qu'ils en donnent présentent de profondes divergences. Trois facultés : l'Intelligence, la Volonté, la Sensibilité constituent le *Moi*, c'est-à-dire l'Être. Les uns attribuent ces facultés à une substance immatérielle : l'âme ; les autres les considèrent comme des manifestations de la matière. Les premiers admettent l'immortalité de l'âme. Les seconds croient au néant. Ces écarts d'opinions soulèvent de vives controverses entre les partisans de ces deux systèmes. On s'explique aisément l'ardeur qu'apportent les adversaires du matérialisme à combattre cette doctrine. Voir s'évanouir un beau rêve longtemps caressé, est, en effet, très désagréable. On descend avec peine de l'idéal à la réalité. Certes, la riante perspective d'une vie future flatte plus notre imagination que la sombre certitude du néant. Aussi quand la froide logique nous prouve la fausseté de ces consolantes mais naïves fictions on refuse, quelquefois, de se rendre à l'évidence.

Les religions et les gouvernements tyranniques s'efforcent d'entretenir au sein des masses l'horreur du matérialisme ; l'ignorance est leur principal moyen d'action. Ils savent que le jour où les peuples instruits reconnaîtront l'erreur des croyances religieuses, aucun joug théocratique ou civil ne pourra subsister.

Cette émancipation des peuples que se proposent les matérialistes commence à s'effectuer. Le fanatisme religieux se meurt. Les foudres de l'Eglise n'effraient plus les mécréants. Les anathèmes du Vatican provoquent l'hilarité et le dédain des gens sensés. En dépit des protestations du clergé, les doctrines religieuses sont, de la part des laïques, l'objet d'un scrupuleux examen. Ces investigations font naître, chez leurs auteurs, le plus complet scepticisme. Aussi la damnation éternelle est prononcée contre les audacieux assez imprudents pour vouloir approfondir des mystères que leur faible raison ne peut comprendre. Au moyen-âge, les tortures de l'Inquisition les préparaient au supplices de l'enfer.

Personne n'ignore combien la plupart des religions ont contribué à entraver la marche du progrès. On sait avec quelle sauvage énergie le catholicisme parvenu à son apogée de puissance s'est opposé au développement de la civilisation. « Rendre les hommes savants est dangereux, écrivait au pape Léon X, le cardinal Pol, un des prélats les plus éminents de son siècle. A l'exemple des Druides, des ministres d'Isis et des Bhrames, le clergé catholique réservait pour lui seul toute espèce de connaissances intellectuelles. Les multitudes étaient maintenues dans une sainte ignorance. Quiconque, parmi les laïques, donnait des preuves de haute capacité et de savoir était livré aux inquisiteurs. Galilée, le plus illustre mathématicien du XV⁰ siècle, fut jeté dans les prisons du Saint-Office, pour avoir démontré, contradictoirement aux principes cosmographiques enseignés par l'Église, la rotation de la terre autour du soleil. L'histoire nous fournit de nombreux exemples des procédés de compression, presque toujours atroces, employés par l'Église pour empêcher les peuples de briser les liens spirituels qu'elle leur impose.

De nos jours, nous sommes témoins de l'opiniâtreté des suppôts de l'Ultramontanisme à repousser tout projet de loi tendant à rendre l'instruction accessible à tous. Leurs efforts pour perpétuer l'obscurantisme seront vains. L'Église ne prévaudra pas contre la Civilisation. La lutte qu'elle soutient depuis tant de siècles contre la libre-pensée atteint actuellement sa dernière période. L'issue de cette guerre à mort entre le Syllabus et la Société moderne n'est pas douteuse.

Si la crainte des châtiments qui, d'après les religions, attendent les coupables au-delà du tombeau, n'existait pas parmi les hommes, la société, prétendent quelques philosophes, serait en proie aux plus affreux excès.

Cette assertion est absolument controuvée. Ce qui fait hésiter le plus grand nombre des criminels au moment d'accomplir leurs sinistres desseins, ce n'est pas l'idée puérile des

1*

enfers, mais la peur du bagne et de l'échafaud.

Les lois civiles sont de meilleures garanties du bon ordre et de la sécurité intérieure d'une nation que les terreurs religieuses.

D'ailleurs, quelles que soient en philosophie les conséquences d'un système, on doit les accepter si l'on accepte le système lui-même.

C'est avec la résolution de me conformer à ce principe que j'entreprends de résoudre, à l'aide du raisonnement, le grave débat pendant entre deux grandes écoles philosophiques soutenant deux systèmes contraires : les Matérialistes et les Spiritualistes.

Ceux-ci, avons-nous dit précédemment, nous présentent les facultés de l'Etre comme émanant de l'âme, substance immatérielle, faite à l'image de Dieu, impérissable et motrice de la machine humaine : Le corps....

Leurs adversaires nient l'existence de l'âme et rapportent à la matière les facultés de l'Etre.

Je me propose de justifier cette dernière croyance.

*

Si les hommes avaient des âmes créées à
l'image de Dieu et faites d'une même substance, deux choses semblables à une troisième
étant semblables entre elles, les âmes des
hommes, modelées sur un type commun Dieu,
auraient entre elles une parfaite ressemblance ;
de plus, les molécules d'une substance quelconque possédant toutes également les propriétés de cette substance, si l'Intelligence, la
Volonté, la Sensibilité étaient des attributs de
l'âme, en raison de cette double similitude de
conformation et principalement de substance,
les âmes des hommes auraient, toutes, au
même degré, ces facultés.

Or un certain nombre d'individus naissent
privés, en tout ou en partie, de l'une ou de l'autre de ces facultés, quelquefois même, simul-
tanément, des deux premières.

De cette inégalité sous le rapport des facultés innées, nous conclurons que celles-ci ne sont pas inhérentes à l'essence de l'âme, ou que ces individus n'ont pas d'âmes, ou tout au moins que leurs âmes sont d'une nature inférieure à celles des Êtres qui jouissent de la plénitude de ces facultés.

*

Si l'homme avait une âme et qu'elle fût l'œuvre d'un Dieu, celui-ci serait un être souverainement injuste puisqu'il donnerait des âmes d'une nature parfaite à quelques privilégiés, tandis que le plus grand nombre ne recevrait de lui que des âmes imparfaites.

L'Église nous représente cependant Dieu, comme la justice personnifiée.

Du syllogisme ci-dessus découle ce dilemme : Dieu n'a pas donné une âme à l'homme ou Dieu est un être injuste.

Si nous admettons cette dernière proposition nous conviendrons :

Que ne devant aucune reconnaissance à quiconque fait preuve envers nous d'injustice, tous ceux en qui Dieu a mis une âme imparfaite ne lui doivent aucune gratitude.

*

Si l'intelligence, la volonté, la sensibilité étaient des facultés de l'âme, la folie, l'idiotisme, la catalepsie qui consistent dans la perte de ces facultés seraient des maladies de l'âme.

Or, de l'aveu même de l'Église, tout ce qui est sujet à la maladie est destiné à périr.

L'âme ne serait donc point immortelle.

*

Si la sensibilité était une faculté de l'âme, le corps étant sensible sur tous ses points, il faudrait admettre que l'âme occupe toutes les parties de notre individu.

Dans ce cas, lorsqu'un membre devient paralysé, c'est-à-dire perd toute sensibilité, il faudrait en déduire que cela provient soit du retrait, soit de l'annihilation pour une cause quelconque, de la portion d'âme qui s'y trouvait préalablement, et si la médecine parvient à rendre à ce membre sa sensibilité première, on serait tenu de croire que c'est parce qu'elle lui a fait recouvrer cette portion d'âme qu'il avait momentanément perdue.

Bien plus, lorsqu'on ampute un membre à quelqu'un, on lui enlèverait en même temps, la portion d'âme qui y est afférente.

De même, si l'on considère l'intelligence et la volonté comme émanant de l'âme, la perte de l'une ou de l'autre de ces facultés serait due à la perte de la portion d'âme correspondante et le retour plus ou moins complet à la raison devrait être attribué au recouvrement en tout ou en partie de cette portion, la plus précieuse, de l'âme.

*

L'âme, dit-on, est identique, c'est-à-dire toujours semblable à elle-même.

Or les modes et propriétés d'une substance quelconque ne pouvant se modifier qu'autant que cette substance elle-même se modifie, l'âme n'étant susceptible d'aucune modification, évidemment si l'intelligence, la volonté, la sensibilité en émanaient, ces trois facultés seraient aussi identiques et par suite constamment développées, au même degré, chez l'homme.

Or, nous voyons ces facultés présenter chez celui-ci ce qu'on peut appeler des phases successives, qui coïncident parfaitement avec celles de la matière.

Dans l'enfance, elles sont faibles comme nos organes; dans la jeunesse, elles se développent avec eux; dans l'âge mûr, elles atteignent également leur apogée, enfin dans la vieillesse, elles faiblissent en même temps que les forces physiques.

De là ce dilemme : Ou l'âme n'est pas identique, ou l'intelligence, la volonté, la sensibilité n'en sont pas des attributs.

*

Si l'âme n'est pas identique, elle n'est pas simple, puisqu'une substance simple est toujours semblable à elle-même.

Or, toutes les substances possibles, étant ou simples ou composées, la substance dont l'âme serait formée ne pouvant être classée dans la première catégorie, ferait évidemment partie de la seconde. Elle serait alors, comme toutes les substances de ce genre, susceptible de dé-composition et par suite d'anéantissement.

*

Selon le jugement, autrement dit, selon l'i-dée que nous concevons, à tort ou à raison, d'une personne ou d'un objet réel ou imagi-naire, nous éprouvons des sentiments d'amour, de haine, de crainte, etc.

Les sentiments et par suite les passions qui sont des sentiments exagérés ne sont donc que des conséquences de la pensée.

Or, un principe ne pouvant se modifier sans que ses conséquences éprouvent un change-ment relatif, la nature des sentiments et des passions doit toujours coïncider avec celle des idées qui les produisent.

Nous voyons précisément, chaque jour, des individus aimer ce qu'ils détestaient la veille et

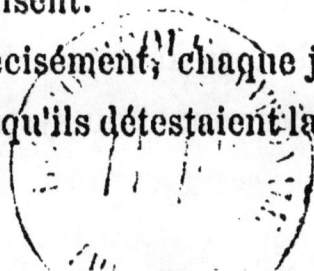

réciproquement, à la suite d'une variation de leur opinion première, c'est-à-dire de l'idée primitive qu'ils avaient conçue sur l'objet de leur sentiment.

❋

Si l'intelligence, la volonté, la sensibilité étaient des facultés étrangères à la matière, les maladies du corps n'auraient, sur elles, aucune influence. Or, une fièvre cérébrale affaiblit et souvent même annihile l'intelligence, la disposition vicieuse du cerveau cause l'idiotisme, c'est-à-dire la perte de l'intelligence et de la volonté; enfin la section d'un nerf détermine la paralysie qui nous ôte la sensibilité.

L'état de nos facultés dépendant de l'état même du cerveau et du système nerveux, évidemment c'est qu'elles sont inhérentes à la matière dont ces organes sont formés.

*

On sait que des excès de sommeil trop fréquents, en épaississant le sang qu'ils empêchent par là de circuler dans les conditions nécessaires au fonctionnement régulier des organes peuvent causer l'imbécillité, de même que la débauche, en déterminant l'épuisement des forces physiques d'où résulte le desséchement, par suite le relâchement des fibres du cerveau, peut réduire les plus beaux génies à l'état d'idiotisme.

Les difficultés, quelquefois l'impossibilité qu'éprouvent certaines personnes à trouver des idées sur un sujet sérieux ne proviennent-elles pas souvent de l'inaction dans laquelle ces personnes ont tenu trop longtemps les

organes du cerveau lesquels, aussi bien d'ailleurs que ceux des autres parties du corps,
lorsqu'on ne les exerce pas suffisamment, finis-
sent par s'atrophier et, dès lors, ne fonction-
nent plus qu'avec peine ?

La promptitude, l'aisance à concevoir des
idées ne résultent-elles pas, chez beaucoup de
personnes, de l'état d'activité dans lequel ces
personnes ont maintenu leurs organes cérébraux ?

Cette activité même, poussée à l'exagération,
n'est-elle pas susceptible de produire l'hébète-
ment par suite de la tension trop forte ou trop
prolongée des fibres du cerveau ?

Lorsqu'on sort d'un cabaret rempli d'une
atmosphère lourde, chaude, saturée de miasmes
tels que la fumée de tabac mêlée au fumet des
liquides, n'éprouve-t-on pas généralement à la
tête une pesanteur provenant de l'obstruction
que déterminent dans les organes du cerveau,
les vapeurs qui s'y sont introduites par la bou-
che et les narines ? Les idées sont-elles, alors,

aussi lucides, se présentent-elles aussi claire-
ment qu'après une promenade au grand air?

N'est-ce pas en occasionnant une perturba-
tion plus ou moins profonde dans l'organisme
du cerveau que l'ivresse produit des effets
analogues à ceux de la folie, et cet état
de choses trop souvent renouvelé, en avariant
les organes cérébraux, ne finit-il point par
amener la folie elle-même?

Une lésion au cerveau produit l'idiotisme
par suite de l'entrave qu'elle apporte au fonctionnement normal des organes.

N'est-on pas plus disposé à la méditation, après
un entretien de quelques heures, avec des personnes, sinon éloquentes, du moins disertes,
avec lesquelles on a pu traiter des questions rele-
vées qu'après une conversation banale, insipide
avec des interlocuteurs d'un esprit étroit, in-
culte ou atrophié? Cela ne tient-il point à ce que,
dans le premier cas, les rouages du cerveau
échauffés, assouplis par un exercice plus ou
moins long conservent encore un certain mouve-

ment, tandis que dans le second il faut, pour ainsi parler, leur imprimer l'impulsion ?

Dans la paralysie du cerveau, l'affaiblissement des facultés intellectuelles n'est-il pas toujours en raison directe des progrès du mal, c'est-à-dire des désordres occasionnés par celui-ci, dans l'organisme ? Lorsque le mal avance lentement, ces facultés ne faiblissent-elles pas, l'une après l'autre, au fur à mesure que la partie correspondante du cerveau est atteinte ?

Tous ces faits ne démontrent-ils pas péremptoirement la matérialité de la cause des facultés intellectuelles ?

*

Chacun sait que la facilité plus ou moins grande avec laquelle nous pensons dépend de la régularité plus ou moins grande du jeu des organes cérébraux agissant dans certaines conditions et sous l'influence de causes diverses,

Il est dès lors bien évident que le cerveau est indispensable à la pensée, et par suite aux sentiments et aux passions.

La mort, en détruisant le cerveau, annihile donc la faculté de penser, et en même temps celle d'avoir des sentiments et des passions.

*

Nous ne pouvons sans posséder, au moins, une de ces trois facultés : l'intelligence, la volonté, la sensibilité, avoir conscience de nous-même.

Or, quand la vie cesse d'animer la matière, ces facultés résultant du fonctionnement de cette matière disparaissent avec la cause qui les produisait.

L'homme n'est donc, après sa mort, qu'un objet inerte, inconscient de lui-même.

*

Si la mort anéantit l'Etre, si, au sortir de
cette vie, un même sort confond dans le néant
l'assassin et sa victime, l'innocence et le
crime, l'esclave et le tyran, qui oserait préten-
tendre qu'un Dieu juste et bon préside aux
doctrines du genre humain?

*

Aucune personne raisonnable ne conteste à
l'animal la sensibilité, mais le plus grand
nombre ne pouvant nier chez celui-ci des manifestations qui exigent chez l'Être où elles se
produisent, ce qu'on appelle pour l'homme:
Intelligence et volonté, ont imaginé de quali-
fier différemment ces facultés lorsqu'elles se
manifestent chez l'animal. Ils ont cru bénévo-
lement qu'il suffisait de donner deux dénomi-
nations à un même objet pour en faire varier
la nature, selon qu'ils emploieraient l'une ou
l'autre.

C'est ainsi qu'ils appellent chez l'homme : Intelligence, volonté, sentiment, ce qu'ils appellent instinct chez l'animal.

C'est là, certes, une subtilité de langage bien puérile. Instinct, en effet, désignant absolument les mêmes choses que les mots : Intelligence, volonté, sentiment, est évidemment synonyme de chacun de ces mots. Or, il y a longtemps qu'on a dit cette vérité : Le nom ne fait rien à la chose. Qu'on appelle manifestations de l'intelligence, de la volonté et du sentiment ou manifestations de l'instinct, des actes parfaitement semblables, on ne change en rien, pour cela, la nature de ces actes.

Ce qu'il s'agit donc pour nous d'établir, c'est que ces manifestations et, par suite, les facultés qu'elles exigent, existent aussi bien chez l'animal que chez l'homme, sans nous préoccuper des termes sous lesquels on juge à propos de les spécifier.

Trois modes, on le sait, constituent ce que nous appelons chez l'homme, l'intelligence :

La mémoire, l'imagination, le jugement ou la raison proprement dite.

Or, à l'oiseau pour choisir un endroit favorable où installer son nid, pour imaginer les dispositions à donner à ce frêle berceau, pour le construire dans les conditions de solidité nécessaires, pour revenir à cette demeure lorsqu'il s'en est éloigné, ne faut-il pas une dose plus ou moins forte de jugement, d'imagination, de mémoire ?

A l'araignée pour choisir une position propice où tendre ses filets, pour les fixer solidement, pour donner à sa toile une forme arrondie, ne faut-il pas une certaine dose d'imagination, de jugement ?

A l'abeille pour disposer ses alvéoles, pour discerner les fleurs qui renferment des sucs propres à la fabrication de son miel, pour retrouver sa ruche lorsqu'elle revient de butiner dans les prés et les jardins d'alentour, de même qu'à la fourmi, pour revenir à sa fourmilière, ne faut-il pas du jugement, du discernement, de l'imagination, de la mémoire ?

Au chien pour retrouver les traces de son maître ; au pigeon voyageur pour s'orienter, ne faut-il pas de la raison, de la mémoire?

Au castor pour élever une digue capable de résister à la violence des eaux, ne faut-il pas du raisonnement, de l'imagination?

Les femelles qui veillent avec tant de soin sur leurs petits, qui les défendent si courageusement, qui leur apprennent à chercher leur nourriture, n'ont-elles pas ce que nous appelons chez la femme, le sentiment de la maternité?

Le mâle qui va chercher pour sa compagne étendue sur ses petits la pâture qu'il partage à sa famille, ne possède-t-il pas le sentiment paternel?

Les animaux rétifs dont on ne peut vaincre l'obstination que par des coups ne font-ils pas preuve de volonté?

Les animaux qui attendent patiemment l'occasion de se venger des mauvais traitements qu'on leur a fait subir, n'ont-ils donc pas en même temps que de la mémoire, un sentiment de vengeance?

Les animaux domestiques qui s'attachent parfois si profondément à leurs maîtres, sont-ils donc dépourvus de sentiments d'affection?

Les animaux ne manifestent-ils pas, fort souvent, des sentiments d'irritation?

Deux mâles, qui se disputent une femelle, n'éprouvent-ils pas l'un contre l'autre un sentiment de jalousie?

On pourrait citer ainsi un nombre infini d'exemples. Je me bornerai à ceux qui sont donnés ci-dessus.

On m'objectera peut-être que l'animal ne possède pas, comme l'homme, le génie de l'invention. C'est là une assertion que rien ne justifie. Qui peut affirmer, en effet, que dans les genres de travaux dont il est susceptible, l'animal n'invente pas des formes nouvelles, des dispositions meilleures, des procédés d'exécution plus simples, plus prompts, plus faciles?

Ce qui lui fait défaut, peut-être, c'est ce qu'on peut appeler le génie de la pensée, c'est-à-dire le talent d'enfanter des conceptions métaphysiques, profondes, belles, sublimes; mais parmi les individus qui composent l'espèce humaine, combien possèdent ce rare privilége? Une infime minorité......

Et combien d'hommes, sur le rapport de l'esprit le plus commun, c'est-à-dire de ce qu'on appelle vulgairement le bon sens, ne sauraient être élevés au niveau d'un grand nombre d'animaux! A quoi bon nier des faits évidents?

C'est une prétention ridicule de vouloir attribuer exclusivement à l'espèce humaine, des facultés qu'elle partage avec les autres espèces d'Êtres. Un fait bien digne de remarque et que l'on peut encore citer à l'appui de ces théories, c'est que les facultés dont nous avons parlé sont réparties parmi les animaux comme parmi les hommes, inégalement entre les races et aussi entre les individus qui composent chacune de ces races.

Quant à la moralité, je crois inutile d'insister pour faire voir que, sur ce rapport, un trop grand nombre d'hommes sont de beaucoup inférieurs à la plupart des animaux.

*

Si l'intelligence, la volonté, la sensibilité, les sentiments étaient des facultés de l'âme, les animaux possédant, comme je viens de le démontrer, ces attributs, auraient donc une âme.

Dans ce cas, tout ce qui est dit dans cet ouvrage relativement à l'âme, leur serait applicable.

A propos du syllogisme précédent, on pourrait me faire observer que si l'animal aussi bien que l'homme, avait une âme, ce serait une action aussi coupable de tuer l'un que l'autre.

A cette objection, je répondrai que donner la mort à autrui n'est considéré comme une action contre nature, et digne de châtiment que dans la législation des peuples civilisés, que de nos jours, dans un grand nombre de peuplades encore à l'état primitif, la loi du plus fort est comme pour les animaux, et comme elle le fut autrefois, pour tous les hommes, la seule reconnue, la seule légitime, la seule pratiquée.

Qu'en vertu de cette loi qu'on ne peut attribuer aux hommes, le sauvage tue son semblable, tels deux animaux féroces qui se battent jusqu'à ce que l'un d'eux succombe, sans attacher lui-même, aussi bien que ses pareils, la moindre importance à cet acte.

L'histoire fourmille de faits qui témoignent que, dans l'antiquité, l'homicide était regardé comme une action toute naturelle. Elle nous fournit des preuves irrécusables qu'au moyen-âge, cette opinion était partagée dans les sociétés soi-disant civilisées.

Je ne citerai qu'en passant le droit de vie et de mort que possédaient, chez la plupart des peuples de l'antiquité, les pères et les époux, sur leurs enfants et sur leurs femmes.

N'était-ce pas là, cependant, une application de la loi du plus fort?

Les Égyptiens mettant à mort tous les nouveaux-nés des Hébreux; Moïse, ce prophète juif, exhortant les Lévites à se rendre de leurs plus chers parents saintement homicides; Josué ordonnant de passer au fil de l'épée les habitants de Jéricho, sans distinction d'âge ni de sexe; Jephté immolant sa fille pour satisfaire un vœu imprudent; les Grecs sacrifiant Iphigénie pour obtenir un vent favorable qui les conduise promptement aux rivages de Troie; les Druides, dans les épaisses et sombres forêts de la Gaule, offrant en holocauste, sur des autels grossiers dédiés au Dieu de la guerre, des couples de jeunes gens choisis parmi les plus vigoureux et les plus beaux de la tribu, regardaient-ils l'homicide comme une action criminelle?

Que valait à Sparte la vie d'un homme,
lorsque dans un seul jour, le sénat immolait à
ses craintes dix mille Ilôtes coupables d'un
excès de bravoure?

Qu'importait aux Romains le meurtre d'un
homme au temps des proscriptions de Marius
et de Sylla ou, plus tard, alors que les combats
du cirque et de l'arène constituaient les plus
agréables divertissements du peuple et des
Césars?

La vie d'un homme avait-elle quelqu'importance pour les Vandales de Genseric, pour les
Huns d'Attila?

Le meurtre était-il considéré comme un
crime par ces farouches compagnons de Ta-
merlan qui, sur l'ordre de leur chef, massa-
crèrent cent mille captifs sous les murs de
Delhi et érigèrent dans Bagdad une pyramide
formée de quatre-vingt-dix mille têtes humaines?

L'homicide soulevait-il le moindre scrupule

chez ces hordes tartares qui, le glaive dans une main et le Coran dans l'autre, étendirent leurs immenses, mais fragiles conquêtes, des déserts de l'Arabie aux rivages de l'Océan?

Qu'étaient pour les seigneurs francs du moyen-âge, ces descendants des barbares Germains, la vie d'un serf qu'ils abattaient d'un coup d'arquebuse, dans un moment de mauvaise humeur, comme s'ils eussent tiré une pièce de gibier

. Que fût-il advenu, cependant, si les rôles eussent été intervertis?

Le meurtrier, immédiatement arrêté eût été mis à mort après avoir subi les plus horribles tourments, tandis que le noble assassin en était quitte, pour quelqu'argent donné à la famille de la victime. Pourquoi cette différence? L'auteur de cet homicide éprouvait-il quelques remords? Mais cette action lui paraissait l'exercice d'un droit naturel dont il se réservait exclusivement la jouissance et,

comme je viens de le dire, si quelque vilain se
fût avisé d'empiéter sur ce droit seigneurial,
le pauvre diable eût promptement expié cet
abominable forfait.

Craignaient-ils de commettre un homicide,
ces Inquisiteurs cruels, dont les noms sont
cloués au pilori de l'histoire, ces monstres
impitoyables pour qui le grincement des instruments de supplice, les cris de douleur
des patients, mêlés aux chants funèbres des
bourreaux du saint-office, formaient les con-
certs chéris; ces séides de Torquemada qui,
tout en défendant le meurtre aux populations
ignorantes et fanatiques, faisaient périr avec
les raffinements de cruauté inouïe et dans
l'Espagne seule, quatre-vingt-dix mille personnes?

Croyait-il être puni dans une autre vie,
ce pontife qui adressait les plus chaleu-
reuses félicitations à Catherine de Médicis
pour le zèle qu'elle apportait dans l'exécution
des ordres du Saint-Siége lui enjoignant

d'anéantir par le fer, le feu ou le poison, les catholiques réformés?

L'homicide était-il un crime pour cette cour de Rome, qui décernait à Philippe II, ce maniaque sanguinaire, le titre de fils aîné de l'Église?

Les Borgia, ces papes-empoisonneurs, éprouvaient-ils quelqu'hésitation à verser un philtre mortel dans la coupe de ceux qu'ils jugeaient à propos de supprimer?

Et, cependant, tous ces assassins étaient auprès des masses les adversaires les plus acharnés de l'homicide!

Pendant dix siècles, les puissants du jour ont impunément couvert l'Europe de sang et de cadavres, et cependant ces mêmes hommes n'ont cessé d'entretenir au sein des populations, l'horreur du meurtre, soit en exploitant la superstition, soit par la menace d'effroyables supplices.

Ils ont même fini par habituer les masses à regarder comme un droit pour eux ce qu'ils appellent crime et ce qu'ils poursuivent comme tel, chez les autres.

Ils ont réussi à se conserver sinon l'admiration, du moins le respect du plus grand nombre et même à capter la pitié des naïfs en se posant comme les innocentes victimes de quelques hommes de cœur, qui, à diverses époques, ont cru qu'il leur serait possible de venger la société des maux que lui infligeaient ses lâches oppresseurs. Ils ont voué à l'exécration des siècles futurs leurs propres victimes et les justiciers tandis qu'ils présentent l'apologie des bourreaux et qu'ils s'efforcent même d'attirer sur ceux-ci, l'intérêt, l'estime, la gloire.

Ferdinand le Catholique, en Espagne ; Alexandre VI, à Rome ; Christian II, le Néron scandinave ; Philippe II, le démon du Midi ; le duc d'Albe, ce boucher des Pays-Bas ; Simon de Montfort, le héros des croisades albigeoises ; Marie Tudor, l'assassin de Jeanne Gray ; Lord Strafford et Laud, ces dignes conseillers de Charles Ier ; Jeffrys aussi cruel que débauché, sont pour le monde catholique des protecteurs de la foi, de vaillants chrétiens agissant pour la plus grande gloire de l'Eglise et du Très-Haut, et, à ce titre, méritant les bénédictions, les hommages de tous ; mais Cromwell, Robespierre, Danton, etc., sont représentés comme des pourvoyeurs de la mort, comme des destructeurs du genre humain, comme des êtres dont le nom seul doit inspirer l'horreur et l'effroi.

Pendant plusieurs siècles, les colons, ces prétendus civilisateurs d'un monde barbare, ces misérables trafiqueurs de chair humaine, ont vendu, mutilé, massacré comme de vils animaux, les nègres, ces parias de l'humanité, et cependant ce sont aujourd'hui les descendants de ces mêmes colons qui qualifient le plus outrageusement Toussaint-Louverture, ce vengeur des noirs opprimés.

Qu'on me dispense de citer des faits contemporains ou se rattachant à une époque encore peu lointaine.

A quoi bon parler des réactions sanglantes qui, après dix-huit-cent-quinze, signalèrent en Europe le triomphe des nobles et des prêtres sur les peuples un moment émancipés.

Ces tristes évènements sont encore présents à la mémoire du plus grand nombre.

Et cependant les noms de leurs auteurs sont glorifiés et révérés, de ceux-là même qui affectent le plus d'indignation contre les attentats privés.

Mais qu'importent des faits particuliers à telle ou telle période de l'histoire, à tel ou tel peuple !

N'existe-t-il pas depuis l'origine des sociétés un fléau commun à l'humanité tout entière et qu'on peut très bien considérer comme l'application d'une loi naturelle dont les faits sus-mentionnés ne sont que des conséquences. Ce fléau, c'est la guerre.

Qu'importent les circonstances où elle se produit ! Nous ne devons tenir compte ici que du résultat. Quel est-il ? La décimation continuelle de l'humanité tantôt sur un point du globe, tantôt sur un autre, quelquefois sur plusieurs en même temps.

Bien plus, de même que certains animaux dévorent des individus de leur propre race, il existe dans les îles de l'Océanie, certaines variétés de l'espèce humaine, que nous appelons anthropophages ou cannibales, qui se nourrissent de chair humaine et se font un régal de ce mets qu'ils préfèrent à tout autre.

Nous-mêmes, d'ailleurs, en détruisant les autres animaux pour les manger, nous imitons les carnassiers, enfin, ceux-ci, à leur tour, dévorent l'homme lorsqu'ils le trouvent désarmé.

Des faits qui précèdent et que personne ne peut nier, ne semble-t-il pas résulter qu'il y a une loi naturelle commune aux hommes et aux animaux, en vertu de laquelle, les premiers comme les seconds sont destinés à s'entr'-asservir et à s'entre-détruire ?

FIN DE LA PREMIÈRE PARTIE.

DEUXIÈME PARTIE

DEUXIÈME PARTIE.

Notre penchant naturel pour le bien est, nous dit l'Église, contrebalancé par une incli-nation non moins forte pour le mal.

Le libre-arbitre est la faculté d'opter entre nos bonnes et nos mauvaises tentations.

Cette croyance à la réalité de deux principes contraires développés chez l'homme au même degré et par suite exerçant sur lui une égale influence est incompatible avec l'admission du libre-arbitre.

En effet, deux forces agissant en sens contraire, avec une égale intensité, sur le même sujet, se neutralisent. Nous ne pouvons donc agir sans que l'un des deux principes opposés l'emporte sur l'autre.

Or, souvent l'intention de mal faire prime nos bonnes résolutions.

Il est évident que, dans ce cas, le principe du mal est plus fort que celui du bien.

Ces deux principes ne sont donc point également développés en nous.

Nous subissons l'influence de celui qui y est développé au plus haut degré.

Nous n'avons point, par conséquent, la possibilité de choisir entre le bien et le mal. Nous ne jouissons donc pas du libre-arbitre.

*

Certains hommes apportent en naissant des vices que ni l'éducation qu'ils reçoivent, ni le milieu dans lequel ils vivent ne peuvent détruire.

Les uns s'adonnent au vol, les autres se
livrent à la débauche, quelques-uns même
ne reculent pas devant un crime sans autre
cause souvent qu'un besoin irrésistible de
satisfaire leurs fatals penchants.

On ne peut nier que ces hommes agissent
sous l'influence de leur nature perverse. Privés
de la force morale, c'est-à-dire d'une dose de
volonté suffisante pour réagir contre leurs
instincts brutaux, ils en souffrent l'impérieuse
domination. Ils ne sont donc pas libres de
leurs actes.

*

On ne doit point récompenser ni punir
quelqu'un pour un acte involontaire.

Le libre-arbitre n'existant pas chez l'homme
et celui-ci étant contraint par une force mys-
térieuse d'obéir à sa nature, nous en conclu-

rons qu'il ne saurait être rendu responsable de ses actes.

Dieu ne peut, dès lors, avoir institué à son intention des peines et des récompenses.

Nous trouvons là une nouvelle preuve à l'appui de la négation d'une vie future.

*

S'il était vrai, qu'après la mort, l'homme fût appelé devant un tribunal divin pour rendre compte de sa conduite durant cette vie, tout accusé ne serait-il pas en droit de répondre au juge suprême :

Que me reprochez-vous ? un homicide ! Mais pourquoi avez-vous permis que je conçoive le projet de tuer mon semblable ? Pourquoi ne m'avez-vous pas donné la force morale de repousser cette pensée coupable ? Pourquoi avez-vous permis que la haine, la colère, la folie du meurtre l'emportent en moi, sur les bons sentiments ? Enfin pourquoi m'avez-vous fourni les moyens d'accomplir mon crime, lorsqu'il ne tenait qu'à vous de le prévenir ?

Pour cela, il vous eût suffi de le vouloir ? Votre puissance n'est-elle pas infinie ? Puis-je commettre un acte qui soit contraire à votre volonté ? Tout ce qui arrive sur terre, n'est-il pas à l'avance sanctionné par vous ? Or, laisser faire une chose que l'on peut empêcher, n'est-ce pas l'approuver et en quelque sorte s'en rendre complice ? Les hommes ne sont entre vos mains que des instruments impuissants à faire ce que vous n'autorisez pas ; celui-là seul qui nous force à le servir est responsable de nos actes ?

*

On pourrait objecter que si Dieu envoie à l'homme des pensées mauvaises, c'est pour lui fournir occasion d'exercer son libre-arbitre.

J'ai démontré que celui-ci n'existe pas chez l'homme ; mais admettons, un instant, que nous le possédions, Dieu, lorsqu'il nous soumet à quelqu'épreuve, ignore donc si notre vertu triomphera ou succombera.

Dans ce cas, il ne jouit pas de la prescience ; ses facultés sont donc bornées ; mais cette hypothèse est incompatible avec l'existence même de Dieu.

Conclusion : Ou Dieu n'existe pas, ou il prévoit; à l'avance, les actes des hommes.

*

Si Dieu jouit de la prescience et si l'univers créé pour une fin qu'il ne nous est pas donné d'entrevoir, est dirigé par des lois immuables, évidemment à chacun de nous est attribuée une tâche qui doit nous faire concourir plus ou moins largement à la réalisation des plans du Créateur; chacun de nous apporte, en naissant, des qualités ou des défauts appropriés à la mission bienfaisante ou funeste qui lui est assignée et à laquelle il ne peut se soustraire. Nous tombons ainsi dans le fatalisme qui fait de l'homme une véritable machine.

*

Si Dieu existe, jouissant à la fois de la prescience et d'une puissance infinie, il ne tient qu'à lui de prévenir les actes, les évènements qu'il juge à propos d'empêcher. S'il ne le fait pas, c'est que, pour un motif quelconque, il désire qu'ils aient lieu; c'est donc à lui qu'il faut imputer tous les maux de l'humanité.

✶

Si l'homme, après la mort, était soumis au jugement d'un Dieu, celui-ci, pour être juste, ne devrait tenir aucun compte, en rendant un arrêt, de la position sociale que le pré-venu occupait sur terre. Le pauvre et le riche s'ils avaient fait preuve, ici-bas, des mêmes vertus, devraient recevoir là-haut une récom-pense semblable.

Quelle rémunération obtiendrait donc le pauvre pour les maux qu'il aurait soufferts durant cette vie, tandis que le riche y jouis-sait d'une félicité presque absolue ?

Aucune !.....

Ses vertus lui méritant, comme au riche, une récompense, on la lui accorderait, mais on ne l'indemniserait point pour cela des

misères qu'il aurait endurées dans ce monde
où le riche était au comble du bonheur.

*

Dieu ne pourrait, sans injustice, s'il existait
une vie future, n'y point récompenser un
riche qui, durant celle-ci, aurait toujours
pratiqué les plus rares vertus. Le riche serait
heureux après comme avant sa mort. Il
n'aurait donc jamais, comme le pauvre,
connu la misère.

On serait, évidemment, en droit de le
regarder, comparativement à ce dernier, comme
un privilégié de Dieu. Celui-ci ne serait donc
point un Être impartial.

*

Les heureux de la terre prétendent, à l'aide
d'arguments dérisoires, réfuter la négation
de la justice et de la bonté divine.

L'homme, disent-ils, est l'unique cause de ses maux ; c'est à la satisfaction de ses passions qu'il doit les attribuer.

Dieu le punit de n'avoir pas su corriger son naturel vicieux.

Qui n'aperçoit l'amère ironie que renferme ce blâme du riche, au pauvre en proie aux tortures physiques et morales de la maladie, de la faim, du désespoir ?

Quel forfait a commis ce malheureux pour encourir un châtiment aussi sévère?

Il a donné libre cours à ses penchants mauvais.... Il s'est livré à la débauche ; il a gaspillé dans les cabarets son salaire journalier ; il a négligé les sacrements et la prière qui fortifient le moral et nous disposent à la résignation, répondra quelque coquin enrichi par des spéculations véreuses.

Il t'est facile de parler ainsi, ô riche, qui jouit des avantages de la fortune, mais ce n'est pas à toi qu'il appartient de reprocher au malheureux le contentement de ses penchants, même les plus grossiers ! Si les satisfaire était une faute punissable, tu devrais être ici-bas, l'objet d'un supplice incessant. N'es-tu pas, en effet, bien souvent plus débauché, plus criminel que le pauvre? Et cependant, si la maladie survient chez toi, à la suite d'excès honteux, ta femme et tes enfants n'endurent point les souffrances de la faim. Grâce à ta fortune, tu te fais prodiguer les soins les plus délicats; tu n'as point en mourant le cruel souci de penser que tu laisses sur terre, une famille dans le plus extrême besoin. Combien ta situation est différente de celle d'un indigent agonisant dans un réduit infect, privé des secours les plus nécessaires, tourmenté de l'accablante pensée que sa femme malade et ses enfants trop jeunes encore pour travailler, n'auront pour subsister après lui que l'aumône des passants et le dur morceau de pain qu'un de tes valets, pour te débarrasser des importunités de ces misérables, leur aura, sur ton ordre, insolemment jeté.

Si ce moribond, comparant sa déplorable position avec la tienne, élève quelques doutes sur l'existence d'un Dieu juste et bon envers ses créatures ; s'il s'étonne que sa femme et ses enfants subissent les conséquences de ses défauts personnels, un prêtre lui ripostera : « Ce n'est pas à nous, mon fils, qu'il appartient de contrôler les actes du Tout-Puissant. Soumettez-vous respectueusement à sa sainte volonté et offrez-lui en expiation de vos fautes, les maux dont il lui plaît de vous frapper.

Et quand ce malheureux, après avoir souffert toute sa vie, physiquement et moralement, après avoir enduré toutes les privations, après avoir assisté au spectacle de ses enfants tombant dans la débauche et le crime, par suite de la misère et du manque d'éducation ; quand cet être, disons-nous, refuse de croire à la justice et à la bonté d'un Dieu qui aurait créé les hommes, les uns pour commander et être heureux, les autres pour obéir et souffrir ; quand il nie cette providence dont vous ne l'entretenez que pour prévenir ou tout au moins atténuer les terribles mais légitimes effets de son désespoir et de son courroux, vous témoignez une vive indignation.

N'est-il pas permis cependant, en présence des faits dont nous sommes, chaque jour, témoins, de douter qu'un Être impartial et bon préside aux destinées du genre humain.

✳

Si le sort des mortels dépendait d'un Être supérieur, les trois-quarts des hommes étant malheureux sur terre, et certains de n'obtenir après leur mort aucune compensation à leurs misères, devraient le rendre responsable de leurs maux et, comme tel, bien loin de lui devoir hommage, ils seraient en droit de lui reprocher leur sort. Les gens heureux (le nombre en est fort restreint) lui devraient, seuls, quelque reconnaissance.

Si aucune divinité n'intervient dans les affaires humaines, n'est-il pas insensé d'adresser des prières et des remerciements à un Être qui ne s'intéresse nullement à nous ?

Que l'on admette l'une ou l'autre des deux conclusions précédentes, on conviendra que, pour l'immense majorité des hommes, si l'on se rallie à la première, pour la totalité, si l'on accepte la seconde, les religions n'ont aucune raison d'être.

*

Si passant des faits particuliers aux faits généraux, nous attribuons à une divinité quelconque tous ces cataclysmes de la nature : Éruptions volcaniques, tremblements de terre, tempêtes, etc..., tous ces fléaux de l'humanité : Maladies, épidémies, guerres, accidents, etc., qui font ici-bas tant de victimes, la raison nous oblige d'avouer qu'ils ne peuvent être que l'œuvre d'une divinité essentiellement malfaisante.

C'est du moins ce que conclura toute personne jouissant de son bon sens. Il est, en effet, incontestable pour quiconque a la moindre portion saine de cervelle, qu'un Être qui serait doué à la fois d'une puissance infinie et d'une bonté sans bornes pour ses créatures, ne prendrait pas plaisir à inventer sans cesse, à leur intention, de nouveaux moyens de torture et de destruction. Une pareille démonstration, toute évidente qu'elle est, ne saurait convenir aux admirateurs enthousiastes mais hypocrites d'une divinité chimérique qu'ils revêtent de toutes les perfections imaginables.

Veut-on savoir quels arguments ils allèguent, pour concilier les théories qu'ils professent sur cette divinité avec des faits contradictoires ? En voici quelques-uns empruntés à un traité philosophique de Monsieur Jourdain.

Sous le nom de mal physique, les philosophes comprennent : 1° Les désordres apparents de la création, comme les volcans, les inondations, les tremblements de terre, les naufrages, etc...., 2° la souffrance des Êtres animés (Malum pœnas). Diverses considérations aident à éclaircir les difficultés que présente le mal physique.

1° Il est bien moins étendu qu'on le suppose ordinairement. La somme des biens, en ce monde, l'emporte sur celle des maux. La souffrance n'est pas l'état naturel de l'homme ; et ce qui le démontre, c'est l'étonnement qu'elle nous cause, c'est le nom qu'elle reçoit : N'appelons-nous pas des malheurs des accidents ?

2° La plus grande partie de nos douleurs doit être imputée non pas à un défaut de notre constitution, à un dessein malveillant de la Providence, mais bien au contraire à nos propres fautes et aux fautes de nos semblables, à leurs passions, à leurs vices. Quelle source plus féconde de calamités pour la race humaine que la guerre, par exemple, ce triste fruit des passions des hommes.

3° Dans les limites où il n'est pas imputable à l'homme, le mal physique est le résultat des lois générales de l'univers, lois qui contribuent à la beauté et à l'harmonie du monde, au bonheur du plus grand nombre des créatures et qui ne sauraient être suspendues, chaque fois qu'un malheur privé peut résulter de leur maintien.

4° Enfin l'épreuve du travail et de la souffrance, quelque pénible qu'elle soit pour la sensibilité, profite à la grandeur et à la dignité de l'homme, en l'obligeant à déployer toute l'énergie dont il est capable. Quand nous savons l'accepter et nous y soumettre, le mal physique tourne donc en définitive à notre bien, et loin d'être un sujet d'accusation contre la Providence, il se trouve rentrer dans le plan divin comme une des voies ouvertes à l'homme pour achever l'éducation de son esprit et de son cœur.

— Quelques exemples suffisent pour faire ressortir le ridicule de ces arguments.

Vous vous demandez, mon ami, comment Dieu, ce bon père, que l'on vous a toujours représenté comme ne voulant que notre bien à tous, permet l'existence de ces fléaux de l'humanité qui semblent condamner sa justice, sa bienveillance ; réfléchissez sérieusement et vous reconnaîtrez bientôt qu'en dépit de ces faits qui déposent contre lui, il est plein pour nous des meilleures intentions et bien digne à tous égards, de nos respects, de notre amour, de notre admiration, de notre gratitude. L'importance exagérée qu'on

donne aux maux qui lui sont attribués est,
le plus souvent, l'unique cause de nos in-
qualifiables récriminations contre lui. Hélas !
notre pauvre imagination grossit toujours
le mal et la raison accepte sans contrôle
ces exagérations. Ainsi vous me parliez, il y
a un instant, de cette famine qui vient de
faire périr aux Indes, un million d'indigènes
et vous vous récriez contre la Providence
qui suscite un pareil état de choses. Mais,
songez au peu de place qu'occupe dans le
monde, la presqu'île de l'Indoustan. Qu'est-ce
qu'un million d'hommes parmi ces milliards
d'individus qui peuplent notre globe ? Pendant que la faim ravageait cette contrée
de l'Asie, l'abondance ne régnait-elle pas par-
tout ailleurs ? Vous voyez déjà que le mal est
bien peu étendu. Et d'ailleurs, en cette cir-
constance, comme en toute autre, Dieu ne
peut avoir agi qu'en vue du bien général.
Qu'importent les procédés qu'il juge à
propos d'employer pour faire en sorte que la

somme des biens l'emporte en ce monde sur
celle des maux. Ses voies sont impénétrables.
En toutes choses, vous le savez, on ne doit
considérer que le but. Qu'il nous suffise donc
de savoir que tout ce qui a lieu sur terre tend
à procurer au genre humain, le plus de
félicité possible.

— Mais Dieu jouissant d'un pouvoir sans
limites, ne pourrait-il pas arriver au même
but par d'autres moyens? et au lieu de sacri-
fier le plus petit nombre au bonheur du plus
grand, ne lui serait-il pas aussi facile de
rendre la totalité des hommes heureux? Il ne
lui en coûterait que de le vouloir ! Est-il juste,
d'ailleurs, de favoriser les uns au détriment
des autres ? Ces derniers ne sont-ils pas en
droit de protester contre cette iniquité?
N'est-ce pas se railler affreusement de quelqu'un qu'oser lui tenir ce langage: Vous
n'avez fait, il est vrai, aucun mal sur terre,
mais Dieu a décidé, dans sa sagesse infinie
qu'il est nécessaire que vous mouriez de

faim pour assurer le bonheur de votre voisin.
Inclinez-vous donc, devant sa sainte volonté
et adressez-lui d'humbles actions de grâce.

—Quoi, mon ami, vous vous indignez contre
la Providence ; vous vous demandez quel
crime vous avez commis pour mériter ce
cancer qui vous ronge la face : vous accusez
Dieu de méchanceté, de cruauté. Malheureux !
Osez-vous bien proférer de pareils blasphèmes ? Fils ingrat ! vous abusez de l'extrême
patience de l'infinie bonté de notre père
céleste, pour l'outrager, et pour lui infliger
la plus amère des douleurs, celle de voir un
de ses enfants bien-aimés lui reprocher des
intentions malveillantes à son égard, lorsqu'il
n'éprouve pour nous que des sentiments
d'affection paternelle et qu'il gémit du mal
horrible dont vous souffrez. Certes, le bon
pasteur aime trop ses brebis pour leur désirer
et à plus forte raison pour leur faire le moin-

dre mal. Vous ne réfléchissez pas que votre cancer ne provenant nullement d'un défaut de votre constitution ne peut être imputé au Créateur, mais qu'il est une conséquence de vos fautes personnelles ou des fautes de vos proches. C'est aux passions honteuses de votre père, aux vices de votre mère ou bien à la satisfaction de vos propres penchants que vous devez attribuer votre mal.

— Mais, je n'ai jamais donné cours à mes penchants grossiers et mes parents m'ont toujours été cités par ceux qui les ont connus, comme des modèles de moralité et de vertus chrétiennes. Vous-mêmes, bien des fois, m'avez exhorté à suivre leur conduite. L'accusation que vous portez, aujourd'hui, contre eux, me met dans l'alternative de regarder vos discours comme mensongers ou de considérer mes parents comme les auteurs de ma pénible situation et comme de misérables hypocrites qui auraient usurpé une réputation honorable. D'ailleurs, vos allégations fussent-elles vraies, serait-il juste que je sois puni pour les fautes d'autrui et que je supporte les fâcheuses conséquences des défauts qu'il a plu à Dieu de donner à mes parents ?

—Mon fils, notre faible raison ne peut sonder les desseins du Très-Haut. Contentons-nous de croire que tout ce qu'il fait tend à notre plus grand bien. Ne cherchons pas à comprendre les moyens qu'il juge à propos d'employer et soyons fiers de notre ignorance, car le divin Jésus a glorifié les ignorants par ces mémorables paroles : Beati pauperes animi, enim, etc.......

— Hélas ! pauvre femme, la guerre vous a ravi votre époux et votre fils, et n'écoutant que votre douleur vous vous abandonnez contre la Providence à de vives récriminations ; mais, avant de proférer ces murmures contre le Tout-Puissant, vous êtes-vous demandé d'où provenait ce fléau que vous attribuez inconsidérément à celui qui, du haut des cieux, assis sur un trône resplendissant, entouré d'un cortége innombrable de vierges, d'archanges et de séraphins, regarde avec des larmes pleins les yeux et le cœur saignant, ces chocs terribles, ces luttes fratricides, ces horribles boucheries qu'il déplore mais qu'il ne peut empêcher ; car cette calamité n'est pas son œuvre, comme vous affectez de le dire, mais le triste fruit des passions humaines pour la gloire, les richesses, les honneurs, etc.

—Et que m'importent les causes de ces combats meurtriers où périssent des milliers de fils et d'époux ; ou ce Dieu dont vous m'entretenez n'existe que dans votre imagination, ou, s'il existe réellement, tel que vous le dépeignez, pouvant tout par sa seule volonté, il peut, s'il le veut, prévenir ces fléaux. S'il permet ces horribles exterminations, quel autre but peut-il avoir que celui de se procurer le barbare plaisir d'assister à d'abominables

drames où des millions d'Êtres humains s'entr'égorgent sous la direction de quelques
créatures privilégiées qui se disent providen-
tielles.

Que parlez-vous de gloire, de fortune, de
célébrité ; qu'importent les richesses, la renom-
mée, les honneurs à ces millions d'esclaves que
l'on mène au combat comme un troupeau de
brutes que le boucher conduit à l'abattoir.
Est-ce à eux qu'il est donné d'acquérir ces
biens? Ce sont là des choses inconnues pour ces
misérables jouets d'Êtres malfaisants qui bra-
vent nos colères et nos haines.

Quel profit retirent les peuples de ces
luttes où les représentants de ces puissances
qui président aux événements humains, les
poussent, en se servant pour les exciter les uns
contre les autres, de grands mots sonores qu'ils
font résonner à leurs oreilles, comme ces voi-
les de pourpre que les toréadors, dans les
combats de taureaux, agitent devant les yeux
de l'animal, pour aviver sa fureur? Quelle des

tinée attend ces martyrs sacrifiés pour procurer au maître et protecteur des tyrans d'infernales jouissances? Atteints d'une balle meurtrière, ils tombent dans la mêlée; là, pendant de longues heures, ils restent sur la terre gelée, en proie à d'atroces souffrances, foulés aux pieds des hommes et des chevaux; puis, souvent, respirant encore, ils sont jetés pêle-mêle dans un charnier humain; ou bien, s'ils échappent la vie sauve, à ces épouvantables hécatombes, la plupart rentrent dans leurs foyers mutilés, incapables du moindre travail, n'ayant pour végéter qu'une pension insuffisante, réduits pour nourrir leurs familles à tendre la main, en butte aux moqueries, aux dédains, aux insultes d'autrui. Voilà ce que rapporte aux classes dirigées, ce que vous appelez avec emphase et dérision: leur dévouement à la patrie! La patrie, telle que vous la comprenez, ne doit pas exister pour les misérables!.... Pour ces masses indigentes vouées également dans tous les pays à une vie de labeurs, d'humiliations, de souffrances, la patrie ne doit avoir d'autres frontières que les limites mêmes du monde, d'autres ennemis que les tyrans qui l'oppriment !

Sans doute, la guerre entre les nations ouvre de nouvelles voies au commerce, à l'industrie, à la science ; elle force des peuples encore barbares à entrer en rapport avec des peuples plus civilisés ; elle contribue ainsi à la propagation, au développement de la civilisation ; mais, je vous le répète, si Dieu existe, il ne tient qu'à lui d'arriver à ce résultat par des procédés plus humanitaires. La guerre, dites-vous, est une conséquence des passions humaines ; pourquoi votre Dieu inspire-t-il à ceux que vous appelez les dépositaires de sa puissance, ses agents ici-bas, des goûts belliqueux et suscite-t-il des occasions qui leur permettent de les contenter ? N'est-il pas l'arbitre souverain qui dirige tout et sans l'assentiment duquel rien ne peut arriver ?

— Vous vous plaignez, mon ami, de votre malheureux sort, vous vous révoltez contre cette destinée qui vous condamne à subir les ordres d'un maître impérieux et barbare, à travailler constamment, penché sur le sillon, sous les coups de surveillants brutaux qui, chaque jour, sous vos yeux, font périr l'un ou l'autre de vos camarades d'infortune. Vous vous indignez contre la divinité qui vous impose une pareille existence.... On vous a séparé de votre femme et de vos enfants pour les vendre à des maîtres différents. C'étaient, dites-vous, les seuls êtres qui vous rattachaient encore à la vie. Maintenant, vous nourrissez contre vous-même des résolutions impies. Vous parlez de suicide; vous paraissez décidé à vous affranchir d'un fardeau qui vous pèse et vous accompagnez ce projet de quitter la vie, d'imprécations effroyables.... Malheureux! Osez-vous bien proférer des blasphèmes aussi injurieux, contre le meilleur des pères, contre le plus doux des maîtres, contre celui qui ne veut que votre bonheur.

Quoi, parce que vous ne pouvez comprendre les moyens qu'il emploie pour vous rendre heureux, vous jugez aux apparences, et vous concluez contre lui ! Est-il donc si difficile de voir que si Dieu permet que vous soyez ainsi soumis au plus dur esclavage, aux caprices d'un maître dénaturé, exposé aux mauvais traitements de gardiens grossiers, c'est uniquement pour éprouver votre sensibilité, développer votre énergie, et contribuer ainsi à votre grandeur morale, à votre dignité, en vous fournissant l'occasion de faire preuve de patience et de courage ? Heureux mortel ! plus vos souffrances ici-bas seront profondes, plus votre récompense là-haut sera grande et glorieuse. Le sort du plus vil animal est, dites-vous, préférable au vôtre. Pauvre insensé ! si au lieu de mettre en doute la bonté infinie du Tout-Puissant, vous aviez confiance en son amour immense, si vous considériez avec calme, le but où tendent les maux dont vous vous plaigniez, vous vous réjouiriez de votre état actuel et vous

adresseriez au Créateur les plus chaleureux remerciements, car vous reconnaîtriez bientôt
que les coups, les privations, les mutilations
qu'il vous faut endurer, sont autant de moyens
que Dieu emploie pour vous perfectionner le
cœur et l'esprit. Certes, ces procédés peuvent
vous paraître étranges, mais soyez certain
qu'ils n'en sont pas moins efficaces. Les voies
de Dieu, vous le savez, sont impénétrables.
Aussi, mon ami, au lieu de murmurer contre
le ciel, remerciez-le de vous avoir imposé ces
épreuves qui sont autant de témoignages irrécusables de l'intérêt qu'il vous porte, du souci
qu'il prend de votre dignité et de son désir de
vous rendre heureux !

Est-il besoin de commentaires? Est-il possible d'insulter d'une manière plus révoltante,
aux misères d'autrui?

Peut-on tenir aux misérables, un langage
empreint d'une ironie plus sanglante?

FIN DE LA SECONDE PARTIE.

TROISIÈME PARTIE

TROISIÈME PARTIE.

On distingue dans la nature, des corps simples et des corps composés. Les premiers sont
formés, on le sait, d'une agglomération d'ato-
mes homogènes, qu'une force attractive, ap-
pelée cohésion, maintient dans cet état, jusqu'à ce qu'une force contraire plus puissante
vienne détruire les effets de la cohésion.

Les corps composés résultent de combinaisons entre les corps simples.

Ces combinaisons supposent toujours des
conditions propices ; elles réussissent plus ou

moins heureusement selon qu'elles ont lieu dans des circonstances plus ou moins favorables.

C'est à cette dernière considération qu'on doit attribuer en partie, les défectuosités naturelles des corps.

On admet généralement deux catégories de corps composés : Les corps organiques et les corps inorganiques.

Les uns et les autres, aussi bien d'ailleurs que les corps simples, ont des formes déterminées pour chaque espèce et des propriétés plus ou moins multiples.

Les corps organiques fournissent eux-mêmes les éléments nécessaires à la reproduction d'individus de leur espèce.

Ces éléments, en se combinant en vertu de certaines lois et dans les conditions voulues, produisent l'embryon, de même que l'hydrogène et l'oxygène, en se combinant, produisent l'eau, etc.

Selon l'espèce à laquelle il appartient, l'embryon est appelé : Embryon humain, Embryon animal ou Embryon végétal.

La différence des sexes provient, très vraisemblablement, de la prédominence, soit sur le rapport de la quantité, soit sur celui de la force ou de la qualité, de l'un des éléments embryonnaires.

Sous l'action de certaines influences dont quelques-unes sont connues, l'Embryon sort du *Creuset* où s'est opérée la combinaison qui l'a formé et dès lors, placé dans des conditions plus ou moins favorables, il se développe d'une façon plus ou moins régulière.

Une des conditions essentielles à l'accroissement de l'Embryon et indispensable d'ailleurs au maintien de sa combinaison élémentaire, c'est l'action d'une force qu'on appelle force vitale qui, en agissant sur les organes des corps, donne lieu à ces phénomènes variés dont l'ensemble constitue la vie.

Cette force, on le sait, est due à une combinaison ou tout au moins à un rapprochement in-

time entre plusieurs. gaz de natures différentes.

La force vitale est aux corps organiques, ce
que la vapeur est aux machines.

Les diverses parties de l'organisme fonction-
nent sous l'action de la force vitale comme les
différentes pièces d'une machine, sous l'action
de la vapeur.

La pensée résulte du fonctionnement des
organes cérébraux, comme les impressions
naissent du fonctionnement du système nerveux, la parole du fonctionnement des organes
vocaux, l'ouïe du fonctionnement des organes
auditifs, la vue du fonctionnement des organes
visuels, le mouvement, du fonctionnement des
organes musculaires, l'électricité du frottement
de deux corps.

Un obstacle à l'action de la vapeur entrave
ou empêche le fonctionnement, en tout ou en
partie, des diverses pièces de la machine qu'elle
fait fonctionner, de même, un obstacle à l'action de la force vitale suspend partiellement

ou totalement, le jeu de l'organisme des corps qu'elle anime.

Il est facile de concevoir que l'anéantissement de la force vitale due, comme je l'ai déjà dit, à une simple combinaison de gaz, peut être produit quelquefois subitement par l'action d'une influence séparatiste. On peut attribuer à cette cause les effets foudroyants qu'exercent sur les corps certains poisons.

L'agonie est le résultat des efforts que font pour se séparer les éléments vitaux. Selon que cette séparation s'opère plus ou moins promptement, plus ou moins facilement, l'agonie est plus ou moins longue, plus ou moins violente. Dans les morts subites où la désunion est instantanée, il n'y a pas d'agonie.

Les éléments vitaux, une fois désunis, s'en vont dans l'air et là, selon leurs préférences, ils restent isolés plus ou moins longtemps comme l'azote, ou bien ils se combinent pour former ou pour animer de nouveaux corps.

Sitôt qu'une des conditions nécessaires à une

5*

combinaison quelconque vient à manquer, le
éléments combinés se séparent. Les éléments
des corps organiques, une fois privés de vie,
se décomposent plus ou moins vite sous
l'action de certaines influences telles que la
chaleur, l'humidité, etc., puis comme les éléments vitaux ils vont former des combinaisons
nouvelles.

De là provient, sans doute, cette quantité de
vers qui naissent des cadavres en putréfaction
et ces myriades d'insectes que la chaleur du
soleil fait éclore l'été sur un fumier de matiè-
res organiques.

Il est bon de remarquer qu'à l'aide de certains réactifs on peut prévenir pendant un
temps plus ou moins long, la décomposition
du cadavre, absolument comme à l'aide de
procédés chimiques, on détermine où l'on empêche certaines combinaisons de corps inorganiques.

*

Il est admissible qu'il existe dans la nature des Êtres supérieurs à l'homme, mais dont nous ne pouvons préjuger ni la forme, ni l'essence, ni l'origine. Des faits nombreux paraissent confirmer cette croyance. Dès lors, de même que le génie humain travaille sans cesse la matière et crée des procédés de plus en plus merveilleux qui lui permettent de communiquer le mouvement à cette matière, il est très rationnel d'admettre que le principe vital est une création due à l'un de ces Êtres qui l'aura d'abord appliqué aux corps organiques les plus simples, imaginés et formés par lui à l'aide des éléments nécessaires, puis, de même que l'homme développe et perfectionne les inventions humaines, quelques-uns de ces Êtres supérieurs, développant et perfectionnant la création faite par l'un de leurs semblables, se seront ingéniés à former d'autres corps organiques de plus en plus compliqués et faisant subir au principe vital des modifications qui l'approprient à la nature et à la disposition de ces nouveaux corps, ils ont ainsi créé successivement les innombrables variétés de plantes et d'animaux qu'on rencontre sur notre globe.

Dans chaque espèce, les Êtres ainsi produits, doués d'organes dont les différences permettent d'établir celle des sexes et qui sont admirablement appropriés à leurs fonctions respectives, en s'unissant en vertu de certaines lois, ont donné naissance à des individus de même espèce qui, par des procédés analogues, ont multiplié à leur tour.

*

Quelle serait notre situation par rapport aux Êtres créateurs ?

Elle est facile à établir. La terre est un

théâtre dont nous sommes les acteurs. Chacun de nous, Bossuet l'a dit avec raison, y vient jouer un rôle plus ou moins important, plus ou moins long, plus ou moins pénible, après quoi, nous disparaissons pour faire place à de nouveaux personnages. La pièce change et quelquefois aussi le décor. Les guerres, les famines, les épidémies etc., sont autant d'intermèdes, de distractions que s'offrent ces Êtres qui, sans doute, peuplent l'espace et pour lesquels, les trois-quarts des hommes ont une importance encore moindre que celle qu'on attache en général, au plus vil insecte. Cependant, parmi cette foule qui s'agite sur terre, un petit nombre semble jouir de ce qu'on peut appeler les faveurs de quelques-uns de ces Êtres divins occupant peut-être parmi leurs semblables un rang supérieur, et grâce à cette protection, ils jouissent d'une destinée plus heureuse, plus brillante, relativement au commun des mortels parmi lesquels ils remplissent un rôle plus ou moins important.

*

Evidemment le principe de toutes choses a
dû se former de lui-même et sans substance
antérieure. Or, il n'est pas moins rationnel
d'admettre que l'univers et tout ce qu'il renferme se soit ainsi formé de lui-même, que de
supposer un Être doué de toutes les perfections
imagina'les, se produisant par sa seule volonté, comme si ce qui n'existait pas pouvait
avoir une volonté, puis créant ensuite les as-
tres, les hommes, les animaux, les plantes, etc.

L'existence d'un Être ou de plusieurs Êtres
créateurs n'est donc qu'une pure hypothèse.

*

Au moyen-àge, alors que l'Église étendait sur
les populations son influence néfaste et com-

primait énergiquement les esprits d'un bout
de l'Europe à l'autre, épaississant sans cesse,
autour d'eux, les ténèbres, et châtiant avec une
implacable férocité toute velléité d'émancipation, c'est-à-dire toute tendance vers la lumière,
on ignorait bien des choses.

En ces temps lointains où l'on offrait en spectacle à la multitude, pour son édification morale et pour la plus grande gloire du Très-
Haut, des auto-da-fé de malheureux inculpés
d'opérations sataniques, les sciences étaient
encore à l'état rudimentaire.

A cette époque d'ignorance absolue et de
fanatisme extrême, l'anatomie eût été consi-
dérée comme une abominable profanation et
la crainte d'effroyables supplices semblait pour
l'Église une garantie suffisante contre toute
découverte susceptible d'ébranler les croyances
qu'elle enseigne. Mais, en dépit de cet état de
choses, l'Église a été impuissante à enrayer la
marche du progrès. L'étude approfondie du

corps humain jointe à de nombreuses découvertes scientifiques ont permis d'expliquer par
des causes purement matérielles bien des
faits auxquels on attribuait auparavant une
provenance surnaturelle.

Qui soupçonnait, il y a dix siècles, l'origine
du son et de la voix, telle que des expériences
faites de nos jours, l'ont établie? L'imprudent
qui, alors, se fût avisé d'expliquer ces phénomènes comme on les définit actuellement, eût
expié dans les flammes ce que ses juges eussent appelé une folie dangereuse.

Qui eût soupçonné, il y a cinq siècles, qu'on
parviendrait, un jour, à diriger le son, à concentrer la voix, à l'imprimer pour ainsi dire, à
l'emmagasiner, à la transporter à des distan-
ces considérables?

Sans doute, on n'a pas encore inventé de
procédés qui permettent de préciser l'essence
même de la pensée et de la volonté qui n'en
est, après tout, qu'un mode, mais qui peut
affirmer que cette découverte ne se fera pas?

Qui sait si l'homme ne parviendra pas à faire pour la pensée et pour la volonté ce qu'il a fait pour la voix et le son ?

Le magnétisme, cette science encore rejetée comme chimérique par un grand nombre, parce qu'ils ne peuvent s'en expliquer les effets, ne consiste-t-il pas dans la concentration, chez le sujet, de la volonté, de la pensée du magnétiseur ?

Des expériences nombreuses ont prouvé que celui-ci peut concentrer sur des corps, même inanimés, ce qu'on appelle son fluide magnétique.

Est-il déraisonnable d'admettre que ce fluide n'est autre que la volonté même qui se répand extérieurement et se communique aux objets d'une manière qui reste encore incompréhensible pour nous ?

En quoi la production de la pensée et de la volonté, par le fonctionnement des organes cérébraux constitue-t-elle un phénomène plus étrange que la production de l'électricité par le frottement de deux corps ?

En quoi l'émission de la volonté hors nos organes et sa transmission, probablement par l'intermédiaire de ce fluide subtil et impondérable qu'on nomme l'Ether, sont-elles plus étonnantes que le passage de l'électricité, de la lumière, etc., à travers les corps et que leur concentration sur un point quelconque ?

Sans doute, on ignore en vertu de quelles lois peuvent s'accomplir ces faits? Ce sont là autant de graves problèmes qui s'imposent à la science ; tout autorise à croire qu'elle saura les résoudre. En présence des découvertes merveilleuses qu'elle a réalisées depuis le commencement du siècle, qui oserait aujourd'hui lui adresser cette superbe et brutale apostrophe: Tu n'iras pas plus loin !

Certes, cette arrogance prétentieuse convenait peut-être à l'Église, au temps où, aveuglée de son pouvoir, elle se croyait à jamais maîtresse absolue de l'avenir, mais ces jours de grandeur et de prospérité sont passés, ses brillantes illusions d'autrefois se sont évanouies comme un beau songe ; ses rêves ambitieux de domination universelle ne sont plus que des souvenirs. Maintenant, elle voit son prestige éclipsé, ses forces décliner de plus en plus et déjà elle commence à sentir les frissons de la mort.

En vain, elle cherche à réagir contre ces effrayants symptômes. A l'horizon du siècle, elle entrevoit sa rivale triomphante, arborant fièrement, sur les ruines des croyances religieuses, le drapeau de la science et s'apprêtant à marcher glorieusement à la conquête de la nature.

Quoique considérablement affaiblie, elle va essayer de lutter encore ; son agonie sera, sans doute, terrible, et ses dernières convulsions feront peut-être bien des victimes.

Qu'importe!.... La certitude du triomphe de

la cause à laquelle ils se seront dévoués, rendra la mort elle-même douce pour les défenseurs de la civilisation qui succomberont dans cette bataille.

Tous ceux qu'anime l'enthousiasme en faveur des idées progressistes, des aspirations généreuses, du développement de la raison humaine; Tous ceux qui nourrissent dans le cœur une haine profonde contre ce qui est bas, méprisable; Toute cette pléiade d'esprits indépendants, d'intelligences supérieures, de caractères d'élite: savants, artistes, écrivains voués au culte pur de la science, du beau, du vrai, à quelque nationalité qu'ils appartiennent doivent, abjurant jusqu'après leur commune victoire toute dissension politique, s'unir dans une alliance fraternelle, pour affranchir le génie humain de tous ces préjugés religieux qui, comme autant d'entraves, l'empêchent de s'élever d'un vol hardi, vers les mystérieuses régions qu'il brûle de parcourir.

Et toi, pauvre peuple, qui depuis l'origine des sociétés, n'as cessé de souffrir et d'être esclave, dis-moi, que vas-tu faire dans les temples?

Prier!.... Demander à un Être chimérique qu'il daigne améliorer ton triste sort... Mais ce Dieu que tu implores demeure aussi sourd à tes prières, aussi insensible à tes larmes que ces statues de pierre et de bronze devant lesquelles tu te prosternes. D'ailleurs que t'importent les Dieux!

A quiconque te reprocherait ton impiété, ne peux-tu répondre comme cet esclave qu'André Chénier met en scène dans une de ses idylles, intitulée *La liberté* :

Que parles-tu de Dieux......
Moi, je n'ai pour les Dieux ni chaume, ni guirlandes.
Je les crains... car j'ai vu leurs foudres et leurs éclairs,
Je ne les aime pas, ils m'ont donné des fers.

— Va! ce n'est pas en balbutiant de vaines formules, ce n'est pas en te livrant à des pratiques d'une dévotion, d'une piété plus ou moins mystique, que tu acquerras la force morale, l'énergie nécessaire pour t'affranchir.... Que l'étude et non la prière occupe tes loisirs.

Etudie!... afin que le jour où éclatera ce grand cataclysme social qui menace l'Europe, le jour où s'écrouleront les institutions modernes pour faire place à une société nouvelle, tu puisses te montrer à la hauteur du rôle prépondérant que tu dois y remplir. Alors il te sera possible de mettre en pratique ces sages conseils:

Enseigne toi-même à tes enfants par des préceptes et par des exemples, la morale et toutes les autres vertus qui conviennent à la nature humaine; — Confie-les, s'il est nécessaire, à des maîtres chargés de présider spécialement à cette partie de leur éducation, mais préserve-les avec soin, de toutes ces superstitions qui, comme autant de liens, enlacent l'esprit dès le jeune âge et en paralysent les développements. Laisse l'adolescent chercher lui-même en grandissant à s'expliquer d'insondables mystères.

Fortifie en lui toute inclination généreuse — extirpe ses penchants mauvais — apprends-lui le respect de soi-même et d'autrui, inspire à son jeune cœur l'amour de l'indépendance, de la famille, du prochain. — Enfin, prodigue-lui la science qui lui permettra, peut-être, d'arracher à la nature le secret de la combinaison vitale.

FIN DE LA TROISIÈME PARTIE.

CLERMONT (OISE). — IMPRIMERIE A. DAIX, RUE DE CONDÉ, 27.

www.ingramcontent.com/pod-product-compliance
Lightning Source LLC
Chambersburg PA
CBHW060632100426
42744CB00008B/1598